Dirgelwch duwioldeb

Dirgelwch Duwioldeb:

NEU,

ATHRAWIAETH

Y

DRINDOD;

Wedi ei datguddio mewn Dull eglur a chynnefin,
i'r Diben o wneuthur Egwyddorion Crefydd
CRIST yn hyfryd, ac yn flafus, i bob Enaid
duwiol, yn ddirgel ac yn gyhoedd.

DIAR. iii. 3, 5 a xvi. 16.

Os gwaeddi ar ol gwybodaeth,—yna y cei wybodaeth o
Dduw. O, mor well yw cael coethineb nag aur coeth
a chael deall, mwy dewisol yw na'r arian.

T... xxii. 26

Bydd llewyrch y lleuad fel llewyrch yr haul, a llewyrch yr
haul fydd faith mwy, megis llewyrch faith niwrnod.

DAN. xii. 4.

Cau ar y geiriau, a felia'r llyfr, hyd amfer y diwedd; llawer
a gynmwyrant, a'r wybodaeth a amlheir.

EPH. i. 17.

Ar i Dduw ein Harglwydd Iefu Grift,—roddi i chwi yfbryd
doethineb a datguddiad, trwy ei adnabod ef.

GAN Y PARCHEDIG

PETER WILLIAMS.

CAERFYRDDIN,

ARGRAPHWYD GAN I. DANIEL, YN HEOL-Y-BRENIN.

M.DCC.XCII.

Dirgelwch Duwioldeb, &c.

NID oes dim yn fwy dymunol, dim yn fwy rhagorol, na dim mor angenrheidiol i'n *dedwyddwch* presennol a thragwyddol, a gwybodaeth o Dduw, a'r Dyn Iesu! canys bywyd tragwyddol ydyw, Ioan xvii 3. Ac, megis agoriad neu allwedd i *wybodaeth* o Dduw, y mae'n rhaid,

Yn gyntaf, Credu *bod* Duw. Gwirionedd sylfaenol yw *bod* Duw ac y mae pawb, yn gyffredinol, yn ei addef mewn geiriau, ond yn ei wadu yn eu bucheddau. Ac fe ddywed yr ysgrythur, fod ffyliaid yn y byd, ddigon ffol i ddywedyd yn eu calon, " Nid oes un Duw " Felly yr oedd eu dymuniad, mae'n debyg, pa beth bynnag yr oedd eu cydwybod o'u mewn, a'r byd o'u hamgylch, yn tystio i'r gwrthwyneb; canys rhyddid i bechu, yn ddiwahardd, y mae plant *Adda*'n chwennych! Ac, yn ddiammeu, nid yw'r boneddigion sy'n cyfaddef eu hunain yn *Ddeistiaid*, (sef, yn addef bod Duw, ond yn gwadu'r Bibl) ddim ymhell oddiwrth bod yn *Atheistiaid*, sef, yn gwadu bod Duw! O blegid y sawl ni welant *Dduw* yn yr ysgrythur, ni chymmerant boen i *chwilio* am dano yn y creadur; (yr ymadrodd a arferir gan Paul, Act. xvii 27. yw, *ymbalfalu* am dano; ymadrodd cyffelyb iaethol ydyw, perthynasol i ddynion dall) yr oeddent hwy yn ddeillion, ond yn rhyfygu dywedyd, " eu bod yn gwe'ed," ac am hynny yr oeddent yn ddiesgus, Ioan ix. 41. Rhuf. i. 20.
Wele

Wele berygl o'r fath hon! Och, mor druenus yw
cyflwr y rhai yw dŷ hon! Y maent mewn perygl
bob awr, heb nodded i fod ddim welant eithr-
edoedd yr Arglwydd, er fod yr holl greadigaeth
yn dangos mawredd y Creawdwr. Y maent yn
gwadu i'r ysgrythurau, ac, yn ganlynol, yn gwadu
Crist, am yr hwn y mae'r ysgrythu au fanctaidd,
i gyd, yn tystiolaethu. Ac y mae'n ficr, fod y
rhai fydd, " heb Grift, heb Dduw, yn y byd." Pa
beth a ddywedwn ni wrth y pethau hyn? " Go-
leua ein tywyllwch, ni attolygyn i ti, O Ar-
" glwydd." Yn ddiau, fe ddichon y criatur lleiaf.
a feddo yn berchen deall, broti yn eglur fod Duw,
wrth y rheswm a aferir gan *Paul*, " Pob ty a
" adeiladwyd gan ryw un, eithr yr hwn adeiladod-
" pob peth yw *Duw*," Heb. iii. 6

Yn ail, Y mae'n angenrheidiol i gredu nad oes
ond *un* Duw. Felly y dywed *Moses*, a'r Arglwydd
ei hun, " Clyw, O Ifrael, yr Arglwydd ein Duw
" ni, *fydd* un Arglwydd," Deut. iv. 35, 39.
a xxxii 39 Eto; Marc 8 a xlv. 18. Yr un modd
y tystia'r apoftol, " I ni nid oes ond un Duw, fet
" y Tad," 1 Cor viii 6 Ac fe addef ein *Helnv*,
fod un Duw yn ddigon, o blegid rhaid fod Duw
yn gwbl *berffaith*, pe amgen ni allai fod yn Dduw!
Ac yn gymmaint a bod yr unig wir Dduw, yn
holl-gyfoethog, yn gwbl-ddedwydd, yn holl-wyb-
bodol, yn holl-brefennol, ac yn holl-alluog, pa
raid wrth amryw dduwiau? Gallwn feddwl fod
dynion, ac angylion, yn fwy dedwydd dan lywod-
raeth un Duw, ni phe buafai i ni dduoi Dduw, neu
dduwiau lawer! o blegid y mae'n anhawdd bodd o
dau Arglwydd, Duw a mammon. Nid da fod
dau lywodraethwr yn chwennych *blaenoriaeth* —
Prin y cydfydd dau fienia yn yr un deyrnas, coi
pennaethiaid Rhufain, ni fynnai'r naill un uchlaw
iddo, ra'r llall neb cogyfuwch ag ef Os amryw i'n
eu tymherau, fe newidia eu cyfreithiau ac os
perchi un, fe gwangenni'r llall, fel Saul wrth

A 2

' Ddafydd

" Ddafydd a laddodd ei fyrddiwn?" Y mae Duw
ei hun yn eiddigus o'i ogoniant; ac y mae'n
weddus hefyd iddo fod. Da y dywedodd, " Na
" fydded i ti dduwiau craill onid myfi."

Yn dydydd; Rhaid yſtyried fod yn *Undod* y
Duwdod *Drindod*, ſef, tri Pherſon yn un Duw, ac
a elwir yn yr yſgrythur, *Tad, Mab,* ac *Yſbryd
Glân.* Ond na feddylied y darllenydd fod *tr.
hanfod gwahanol,* canys fe fyddai hynny yn wrth-
wyneb i *Undod y Duwdod,* a gadarnhawyd o'r
blaen dan yr *ail ben* Nagê, eithr y maent yn
dii Pherſon mewn *un* hanfod, fel *corph, enaid,* ac
yſpryd, mewn un dyn! ac y maent i gyd yn *ang-
enrheidiol,* ni a wyddom, i hanfod yr holl hiliogaeth
ddynol! Felly gellir dywedyd, mewn dynol iaith,
fod y Tad, Mab, ac Yſbryd, yn ddull angen-
rheidiol o *Fod,* yn hanfod y Duwdod; etto nid
dull angenrheidiol o fod Duw yn *Dduw,* eithr i
fod yn *Dduw* iachawdwriaeth; ac fel yr ydym
ni yn ſon am dano, ac y mae a fynnom ag ef,
Salm lxxiii. 25. Heb iv. 13. 1 Pedr i. fo. Y
mae *Duwdod,* a *Thrindod,* megis afonydd Eden,
yn *un* yn y ffynnon, yn amryw yn y ffrydiau!
Y *Tad* yw ffynnon y Duwdod, canys Duw trwy'r
Yſbryd a genhediodd y *Mab,* o Fair forwyn.
Ac, fel y dywed y gredo, y mae'r *Yſbryd* yn
" deillio oddiwrth y *Tad* a'r *Mab.*" Fe gyff-
elybir y *Drindod,* hefyd, i'r *cenllyſg,* a'r *eira,* a'r
gwlaw, canys o'r un elfen ddwfr y deuant oll.
A'r Duw a fedr dymheru yr elfen ddwfr fel y
mynno, a fedr addaſu ei hun at waith iachawdwr-
iaeth; yr hyn oedd prif-ddiben y greadigaeth!
Am hynny, Duw a gymmerodd nattur dyn, yn
ol ei arfaeth tragywyddol, ac a'i plannodd, fel
blaguryn, ynddo ei hun; fel y byddai yn Iachaw-
dwr cymmwys i waredu, ac (ynghyd ag anadliad,
a gweithrediad yr Yſbryd, Salm civ. 30.) i adferu
pechaduriaid, a'u dwyn i feddiannu bywyd tragy-
wyddol. Felly y mae yr un Duw yn *Dad, Mab,*

ac *Yſbryd Glân,* ac yn gweithredu pob peth oll yn oll! 1 Cor. xii 6

Y mae *Ioan* yn dywedyd fod *Tri* yn tyſtiolaethu: ac, mewn harddwch ymadrodd, yn galw'r Mab, y *Gair,* o blegid trwy'r Mab y mae gair Duw yn dyfod i glywedigaeth dynion. Heb y Mab, fe fuaſai gair Duw yn farwolaeth i ni. ond yn y Mab, "Gair y *bywyd* ydyw; *gras* a *heddwch* "ydyw," Salm xlv 2. Eſay lvii 19 Ioan vi. 68. Felly, nid oes niweid dywedyd fod yn y *Duwdod dri* Pherſon; ond, yn unig cofio, nad yw'r tri Pherſon ond *un* Duw! fel corph, enaid, ac yſbryd yn *un* dyn.

Yn ddiammeu, y mae'n gyſſur i bob criſtion gofio fod ei Greawdwr yn *Iachawdwr*; ac, am hynny, yn *Dad, Mab,* ac *Yſbryd:* canys, oni b'ai fod Duw yn *Dad,* pwy dderbyniai blant afradlon? Oni b'ai'r hyn a wnaeth y *Mab,* pa fodd y gwaredid carcharorion? Oni b'ai'r Yſbryd ſy'n ſancteiddio, pa fodd y cawſem galon newydd?—Wele, os daliwn ſylw, cawn brofi gwaith y *Drindod* yn ein henaid beunydd! Cof y gair, "Y mae fy "Nhad yn gwerthio hyd yn hyn: ac yr wyf fin- 'nau yn gweithio." Y mae holl olwynion rhaglduniaeth yn dirwyn gwaith iachawdwriaeth ymlaen yn ddyfal, ymhob oes; ond yng oleu yr *efengyl* y gwelir y gwaith yn amlwg.

Nid yw'r gair *Drindod,* na'r gair *tri Pherſon,* yn ymadrodd yſgrythurol, yr wyf yn cyfaddef; ac ni a ddylem wylied, wrth ddarllen neu glywed yr ymadrodd, rhag darlunio *Tri Bod gwahanol,* canys fe fyddai hynny yn hollol wrthwyneb i'r yſgrythur ſydd yn tyſtiolaethu, mai *un* Duw ſydd! Pa fodd bynnag, er fod y gair *Drindod* yn air dychymmygol, etto, gan ei fod yn air cynhwysfawr, yn hyſpyſu'r gwirionedd a amcenir ei gadarnhau, y mae'n ddiddadl, ei fod yn addas i'w arferu: ac yr wyf yn canmol cywreinrwydd y ſawl a'i dychymmygodd, a medruſrwydd y rhai a'i llun-

A 3

iodd

...oaa, ac yr wyf yn ei fabryfio gyd â llawer o
fodd oriwredd. Ymgatffydd y bydd i'r rhai fy'n
darunio Crilt *ailar* o Dduw, dramgwyddo wrth
yr ymadrodd, eithr y fawl fy'n dewis Crilt *yn*
Nuw, ac yn addoli'r ddau yn yr Yfbrid, yn
ddiau, a fawrygant yr Undod yn Drindod, a'r
Drindod yn Undod! Canys *Tri yn Un*, yw ar-
wyddoccad y gair! Nid oes ond *un* Duw, fydd
wirionedd byth. er hynny, gobeithio yr wyf na's
cyfrifir yn athrawiaeth wrthun, anyfgrythurol, nac
a refymmol, i ddywedyd y dichon yr Hollalluog
addalu ei hun, yn gyfattebol i'r tri enw gogo-
neddus, *Tad, Mab,* ac *Yfbryd Glân,* i'r diben o
weithredu yn gyttunol â threfn iachawdwriaeth,
a chyflawni ei arfaeth dragwyddol ei hun fel y
foniwyd, tu dal 4. Ond mi a wn nad oes neb ond
y doethineb fydd oddi uchod, a ddichon ddehongli'r
dirgelwch! Canys pa ddyn a adwaen bethau dyn,
ond yfbryd dyn yr hwn fydd ynddo? Felly hefyd,
bethau Duw nid edwyn neb ord Yfbryd Duw,
1 Cor. ii 11, 14.—Y fawl a ddyfgir gan Dduw i
weled y bendigedig Drindod yng nghnaw l y dyn,
Crift Iefu, (pa mor ddiffygiol bynnag y byddont
mewn dyfgeidiaeth ddynol) hwy a fedrant dyftiol-
aethu, trwy brofiad, fod yr olwg arno yn adfywio
eu henaid, yn gwrefogi eu calon, ac yn ennyn eu
cariad at Dduw, fel y gallont, gyd ag angylion,
a holl gwmpeini r nef, foliannu ac addoli yr hwn
fydd yn eiftedd ar yr orfeddafaingc, a'r Oen yn
dragwydd, Amen. Y *Drindod* yw mêr crift'nog-
rwydd, neu, fel y dywedodd rhyw un, *Shibolcth* y
grefydd grift'nogol ydyw! O blegid nid oes ond
gwir grift'nogion yn credu Duwdod Crift, a bod
Duw yng Nghrift yn cymmodi'r byd ag ef ei
hunan! A hwynt-hwy a gyfrifant y Drindod fel
eu dinas *nodefa,* o herwydd mai *Duw* yng Nghrift
yw Achubydd eu henaid, ac am hynny, bod y
Tad yn eu caru, a'r holl nefoedd o'u plaid.

Yn bedwarydd; Mewn trefn i eglurhau dirgel-
wch

uwch y *Drindod*, ym eu hadd syff. ied, Pa beth
 oedd y dechreuol achos i Dduw ymbriottoi a
addaw ei hun, i wethredu yn gattebol i'r tri
thrtl nefoludd hwan, *Tad*, *Mab*, ac *Ysbryd
Glân*? Pa fodd y mae'n bosibl gan na's gellir
rhannu na lluosogi *Duw*? Pa wedd y mae'r
Drindod yn angenrheidiol i iachawdwriaeth? A
phwy, a pha f. th, yw'r personau (*neu'r gelluoedd*)
cyssylltiedig yn y *Drindod*? Ac, yn ddiweddaf,
dangos pa leiad a ddug athrawiaeth y Drindod i
enaid credadun?

Dyma'r gwirionedd, (y sawl a allo ei dderbyn
derbynied) "Ein Duw ni sydd Ddur iachawdwr
"iaeth" ac megis y'n digir yng air (ac oraclau)
lau) Duw, darfu i'r Jehofa mawr tragywyddol, a
ryw ddoeth ddibenion, adnabyddus iddo ei hun,
arfaethu ynddo ei hun, ogoneddu ei enw, eglurc
ei allu, a datguddio ei ddaioni, yn iachawdwr
iaeth tragywyddol hil syrthiedig a'u truenus
gyflwr pa rai a ragwybu efe cyn eu bod! Canys
"hyfpys i Dduw yw eu holl weithredoedd erioed"
Y Creawdwr holl-wybodol a wyddai y byddai
plant dynion yn llwyr anffyddlon, ac yn d'oledd-
wyr o'r bru, ac yn wnolunol, dan felldith y ddeddf,
yn ddarost, ngeoig i farwolaeth a thruan tragy-
wyddol! Ac megis y mae Duw yn sanctaidd a
chyfiown, yn gyital ag yn drugarog a graslawn,
nid oedd bossibl iddo ef, (yn gyttunol ag anhy-
dedd ei *gyfiawndu*) faddeu yr holl anwireddau,
dileu pechodau, a derbyn dynion i'w heddwch a i
gyfeillach, heb wneuthur iawn a boddloniwyd i
gyfiawnder, am y pechodau a aethent heibio a
rhwymo y troseddwyr i ddwyn ffrwythau a'das i
edifeirwch, ac na fyddent wrthrytelgar ac an-
ffyddlon i'w gyfammod mwyach. Ac yn gym-
maint ag nad oedd neb i'n gwaredu neb i'n
cynnorthwyo, nac un lladmerydd na meddyg-
iniaeth i'w gael, ymh'ith dynion, Duw ei hun a
ymroddodd i gymmeryd y gwaith. y dieithr

wrth,

... ... g ... ... r' ...ddo o ...rub p' chaduniaid,
y'n ei iaw' ei h... E'a... ... 13 ... li... 16. Ac efe
a rodd orodd ei g... ... nder ei hun. Ac y mae efe
yn foddion er m...y, n ei g... ...wnder, Efay xlii 21.
Fe da'odd ef y dyled b... ag oedd ddyledus iddo
e h...r' Go vrgodd garcharonen yn rhydd, gan
a... aw eu gochi, eu glanhau, a'u cymhwyfo i
fwynh... tr...g... d'ol ddedw ddwch gyd ag ef yn
y efoedd. Dyma fel yr arfaethodd, ac yn gan-
l...nol, efe ddrifg' nodd o'r nefoedd yn yr amfer
rededig i wifgo nattur dyn, ac felly, efe a ofod-
odd dail o g...te ligarwch, perthy as, a chyfathrach,
â ned abraf am, rel y bredai eu Harglwydd a'u
D...w yn Frenin ...ddynt, ac fel y byd lai yn gyfiawn
iado, yn ol y ddeddf, i rydnhau'r etifeddiaeth,
megis gwnaeth *Boaz*, ei mwyn Ruth, ac i ofyn a
chymmer d gwrthdiry chau ei gariad i fod yn briod
iddo byth, Jer. iii 14. Hyn gyd, a lla ver mwy,
a g Pawr yd ynghnawdoliaeth Crift. Yr oedd y
gar gyd â Duw erioed, fef y bwriad yn ei fedd l,
a i ewyllys ar ei gyfla ni yn ei amfer: am hynny
y d wedir, "Mi fy'r Arglwydd a bryfuraf hynny
" yn ei amfer," Efay lx 22. Yr oedd efe yn pry-
furo ... eddiad yr hen or chwmiaeth, a fefydiad
yr oruchwiliaeth newydd

O r diwedd daeth y dydd; chwfom y gair,
Gogoniant! Ac mei is y rh ngoed bode i'r Tad
drigo o bob cyfla nder yng Nghrift, wele ddirwo-
no r ydd o bob gras wedi ei barottoi i berffeithio
ein iachawduriaeth, ac mae ei galon yn agored
i oddi a'i law yn agored i gyfrannu, ac nid oes
dim yn eifiau ond derbyn y rhodd! Y mae groefaw
i fyned at Dduw, yn y Dyn Iefu, fel gwr at ei
gyfaill, ganol y nos. Diau, ni all y iawl fydd yn
gweled nyn, lai na mawrygu rhagorol ogoniant
y Drindod, a ch d-ganu gyd â r nefo aidd lu,
" Gogoniant i Dduw yn yr uchel ler, tangnefedd
" ar y ddaear, ewyllys da i dd nion." O blegid,
heb y *Drindod*, ni a fuafem yn refynol druenus;
ond,

ond, i'r *Duw* fo' gyd i ni yn rydom yn rhi gyfoethogion, yn meddiannu pob peth —Y mae gennym y *Tad* yn gyfaill caredig Y mae gennym y *Mab*, yn gynnwydei ac yn neith i ni Y mae gennym yr *Yfbryd* yn fanddeiddydd, yn ddiddanydd, ac yn arweinydd hyd ddiwedd ein perseindod yn y byd Ni feiddiaf ni ddywedyd, fol. *Trindod* yn angerrheidiol i *harfod* Duw, fel y mae rhai yn rhyfygus yn haeru eithr mi a ddywedaf, ac yr ydwyf yn credu fod *Trindod* yn gwbl anger-rheidiol i ddatguddio Duw i etifeddion bywyd tragywyddol. Pa le y gwelwn ni gariad Duw, ond yn y Gwr fu farw drofom? Pa rodd y cawn gymdeithas â Duw, ac yr addolwn ef wrth ei fodd heb yr " Yfbryd fydd yn cynnorthwyo'n gwendid " ni?" Rhuf viii 26 Ioan iv 14 Diau, nid oes ddedwyddach heb faddeuant, nid oes raddeu-ant heb waed, nid oes waed *Laceddawnel*, ond gwaed Iefu! Nid oedd bofiibl i Dduw (fel Duw) farw, nid allai dyn (fel dyn) haeddu, ond *Immanuel*, Duw gyd â ni, Duw a Dyn yn un â'u gilydd, a allafai ddioddef a haeddu, marw ac adgyfodi, a byw yn oes oefoedd! gwedi " llyngca angau mewn buddugoliaeth " Yfgatfydd, y bydd *Sofiniaid* yn ammeu a ddichon y fath undeb fod rhwng Duw a dyn? Pa beth, medd rhefwm! y Duw byw mewn undeb â dyn marwol! Oh, ddaear, ddaear! clyw air yr Arglwydd, " Y marwol hwn " a wifg anfarwoldeb," y rhai fydd eiddo'r Ar-glwydd un yfbryd ydynt. Ac onid yw cyrph y faint yn demlau Duw? Pa faint mwy Iefu Grift yn deml Duw? Onid Duw a i cenhedloedd? Ynddo ei hun, cofiwch, nid allan o honno ei hun " Y mae'r " *Tad* yn byw ynof fi, medd Crift, ac yr wyf fi'n " byw trwy'r Tad," Ioan vi. 57. Dyma'r Crift, dyma'r bywyd, a bregethwyd ymhlith y cenhed-loedd, a gredwyd ynddo yn y byd, a we'wyd (yn wrthddrych addoliad) gan angylion, a dderbyn-iwyd i fynu i ner. Gwel Act i 9 1 Tim iii 16.

A 2

Ac onid *Dyw* 'y gelwir ef, gan Paul, yn y fan honno o'r yfgrythur? Wele, mawr yw dirgelwch duwioldeb! Duw yn dri, ac er hynny yn *un:* yn dri o Berfonau (neu galluoedd) a'r *tri* yn *un* Duw! fel corph, enaid, ac yfbryd, yn un dyn. Ni fyddai dyn ddim yn ddyn, pe cymmerid un o'r rhai'n oddi wrtho; felly ein *Iachawdwr*, ni fyddar'r enw yn addas iddo, oni b'ai ei fod ef yn Dad, Mab, ac Yfbryd. Wele, gan hynny, rhaid yw bod *Drindod!* Gadewch i ni, yn y lle nefaf, yftyried y *llefad* a ddaw o gredu yn y Duw a'r Iachawdwr rhyfeddol hwn.

Yn ddiammeu, yr hwn a gredo a fydd cadwedig! nid yn unig rhag uffern, ond hefyd rhag ofn marwolaeth, gan fod colyn angau'wedi ei dynnu! Y mae'r duwiolion yn cyfarfod â chyfyngderau lawer, yn y byd, ond yr Arglwydd a'u gwared allan o honynt oll Ac ur a wyddom, bellach, fod Duw yn ein gwrando ni pan alwom arno, ac y trugarha wrthym o blegid y mae efe yn perthyn i ni ac yn ein dyfgu i alw arno, *Ein Tad;* ac nid yw yn gywilydd gan y *Mab* i alw'r credinwyr yn frodyr. Awn yn hyderus atto, fel gwr at ei gyfaill, gorfoleddwn ynddo, efe a orchfygodd bob gelyn, efe'n gwared o law'r bedd! Dyma nerth ein calon, " cofio i Iefu Grift, o had Dafydd, " gyfodi oddiwrth y meirw." Wele, *Hollalluog* ydyw'r *Un* a'n c'od i'r lan! Yr oedd ganddo ef *awdurdod* i roddi ei einioes i lawr, ac i'w chymmeryd hi drachefn! a'r Gallu a gyfododd Iefu, a'n cyfid ninnau trwy'r Iefu, ac a'n gefid ar ei ddeheulau. Ond, tra y byddom yn yftyried y *Drindod,* ac mor fuddiol i'n iachawdwriaeth ydyw, na fydded i ni anghofio *Undod* y Drindod; eithr trwy'r cwbl dyfgwn fod yn *ddilynwyr Duw!* Y mae Duw yn *un,* ac *undeb* y mae efe yn ei garu. Y mae'r Perfonau gogoneddus, yn y Drindod, yn ymgyfyllt iedig â'u gilydd; felly, medd Crift, " Credwch fi, fy mod yn y Tad, a'r Tad ynof

" finnau."

" finnau." Ac y mae'r *Yfbryd* yn drigianol yng
Nghriſt; felly, medd y prophwyd, " Yſbryd
doethineb a orphwys arno," Eſay xi. z. A thra-
chefn, " Y mae'r Arglwydd yn ei deml ſanc-
" taidd." Y mae *Jehofa* yn hoffi trigo gyd â
dynion, ſef, yn y Dyn Criſt Ieſu; ac y mae Criſt
yn gorphwys gyd â'i bobl, Salm cxxxii. 8.

Rhaid i mi gyfaddef, pa fwyaf y byddwyf yn
myfyrio ar y *Drindod*, mwyaf gogoneddus y mae
yn ymddangos. Yſtyr y gair *Drindod* yw, *tri yn
un*. Wele, os ydyw Duw gyd â ni, y mae
gennym Dryſor gwerthfawr; ac nid tu draw i'r
môr y mae ond yn agos attom, fel y gallom gael
gafael ynddo! " Y mae'r gair yn agos, yr adde-
wid yn agos, Duw ei hun yn agos attom ymhob
peth y galwom arno! *Pa genedl mor fawr*, &c

Diammeu, gellir arfer y gair *tri Pherſon*, yn
ddigon diniweid; etto, rhag i neb, wrth glywed
am *dri* yn y Duwdod ddarlunio tri Duw, mi a
arferais y gair *galluoedd* i eglurhau'r ymadrodd.
A ſicr yw fod gan bob un o r *tri* Pherſon ei *allu*,
neu awaurdod, priodol i'w enw a'i fwydd, a'r
cwbl yn tarddu o'r un *ffynnon*, fef y *Tad!* Yr
oedd gan y Mab awdurdod i ddodi ei einioes i
lawr, a'i chymmeryd drachefn, Ioan x. 17, 18. Yr
oedd gan yr Yſbryd Glân awdurdod i ladd y neb
a fynnai am gelwydd a thwyll, megis *Ananias* a
Saphira, Act v. 3, 4. Ond pwy bynnag fyddo
yn gweithredu, neu ar bwy bynnag y gweithredir,
eiddo Duw yw'r *gallu*, ie, eiddo'r *Tad*, Mat.
vi. 13. Dyſgwn, bellach, gydnabod ac addoli'r
Drindod mewn *Undod*, y *Tad* yn y *Mab*, a'r *Mab*
yn y *Tad*, a'r ddau yn yr *Yfbryd!* canys " Yſbryd
" yw Duw, ac y mae'n rhaid i'r fawl a'i addolant
" ei addoli mewn yſbryd," fef, yn ei Yſbryd ef,
Rhuf. viii. 9. *Un* yw Duw, a'r Mab ynddo, fel y
brig-wydd (mufleto) yn y pren, yn byw ar nodd
y pren, heb un gwreiddyn *gwahanol*. A chan fod
Duw yn caru *undeb*, pa ham y bydd hoff gan blant
Duw,

Duw ymrannu' Y mae mewn corph dyn llawer aelod, ac mewn enaid dyn lawer fynwyr, etto *un* yw'r enaid, pe byddai chwe' bys ar bob llaw, a chwe' bawd ar bob troed, y mae un enaid yn ddigon. Na fonir mwyach am dri *gwahanol*; y mae'r cyfryw athrawiaeth yn rhoddi fain anhynod, fel udganwr anghyfarwydd, ac, yn lle cynnefino, yn dieithro'r gwirionedd, 1 Cor. xiv. 8. Ioan x 5. Ac fe ellir dywedyd, mai dynion o feddyliau mawr am danynt eu hunain, fydd (fynychaf) yn pregethu'r cyfryw athrawiaeth! O blegid y mae dynion hunanol yn chwennych mawredd, fel y gallont fyw arnynt eu hunain ac iddynt eu hunain, yr hyn fydd groes i'r yfgrythur, Marc vi. 8 ac y maent yn eiddigeddu wrth bob un a dybiont hwy ei fod yn dwyn un gronyn o'u parch oddi arnynt Nid fel'y Mofes, Num xi 29. Nid felly'r addfwyn Iefu, Mat xx. 28 Oh, fy nghyd-bererinion, dyfged crift'nogion ymwadu â hwy eu hunain, ac aftudio lles eu cymmydogion, megis y rhoddodd ein Harglwydd fiampl i ni i'w ddilyn, Rhuf xv. 1—4 Ioan v 30 Ac (i lefaru mewn dull dynol) yr oedd y *Tad* a'r *Mab*, yn aftudio i foddio eu gilydd ymhob peth, Ioan v. 19, 20, 30 ac y mae'r Yfbryd yn cynnorthwyo gwendid crift'nogion gweinion, Rhuf viii. 26.

Wele, y mae *undeb* y *Drindod* yn dwyn i'n hyftyriaeth, neitnol iugn y *maen-tynnu*, *(loadftone)* yr hyn a rydd i ni yr addyfg canlynol. megis y mae nattur y *maen* yn tynnu'r nodwydd ddur atto, felly y mae cariad Duw yng Nghrift, yn denu calon y credadyn, ac yn ei ddwyn i lynu wrtho, fel nad oes dim a'i gwahana! Felly, medd Paul, ''Y mae'n ddiammeu—nid oes nac einioes, nac angau,'' &c. &c byth a'n gwahana oddiwrth gariad Duw yng Nghrift Iefu A pha beth a feddyliwn am grefydd y rhai a werthant Grift am fwrn o arian, faig o fwyd, dâ'r byd, gweniaeth y cnawd, neu ryw eilun, ac a ddiarddelant eu brawd crift'nogol,

criſt'nogol, mor ddiachos ag y darfu i blant Jacob
werthu eu brawd *Joſeph?* Y mae'n debygol fod
eu zel yn Iuddewaidd, ſef, yn fwy dros *draddodi-
iadau dynion* nâ thros wirioneddau Duw! ac nad
adwaenant *gariad* yr hwn, o'i wir fodd, a fu farw
dros yr annuwiol, ac a eiriolodd dros y troſeddwyr
a'i hoeliodd ar y pren!

Yn bummed; Gan orphen y pwngc hwn am
Undod y *Drindod*, mi gâf yſtyried, pwy a pha fath
yw *Perſonau*'r Drindod. Er mwyn ſymmud drwg-
dybiau'r rhai ſydd dros y gair, ac i lonyddu
meddyliau terfyſglyd y rhai ſydd yn ammeu ei
addaſrwydd; ac os daw'r Ieſu attom, ſe oſtega'r
dymheſtl yn y man! Pa niweid a wna'r gair *tri
Pherſon*, tra nad ydym yn meddwl *tri gwahanol*,
megis pe buaſem yn darlunio *tri Duw*; eithr *tri
Pherſon* ardderchog yn y Duwdod, wedi ymba-
rottoi i waith iachawdwriaeth? Ni ellir yſtyried y
matter hyn yn rhy fanwl, canys trwy ei drin a'i
drafod yn fynych, y daw ein henaid yn gynnefin
â'r *dirgelwch*, ac y bydd myfyrio arno yn flaſus,
ac yn ddiddanus gennym; ie, ni a 'gawn fwy o
foddlonrwydd nag yr oeddem yn ei ddiſgwyl;
mègis *Moſes* yn myned i edrych y berth, ac yn cael
gweled Duw: neu fel Lot llettygar, yn llettya
angylion yn ddiarwybod! a'r *Eunuch* yn darllain
y prophwyd *Eſaias*, ac yn cael cyfarfod â Chriſt
trwy hyfforddiad *Phylib*, Act. viii. 27, &c.

Y *Perſonau*, ymgyſſylltedig yn yr *Undod* dir-
gelaidd hwn, yw y *Tad*, y *Mab*, a'r *Yſpryd Glân:*
A chofiwn hyn, ſef, fod yr enwau rhai___
rhoddi, nid i arwyddo dull o *Fod*, ei___
weithredu' yn enwedig yng waith iachaw___
Wele, pwy yw'r Tad? Yr hwn a greod___
oedd a'r ddaear, ynghyd â'u holl luoedd hwynt;
ac ſydd yn gweithio pob peth yn ol ei ewyllys, a'i
gyngor rhag-derfynedig ei bun; yr hwn hefyd yw
“ Duw a Thad ein Harglwydd Ieſu Griſt.” Pwy
yw'r Mab? Yr hwn a addawyd dan enw *Had y*

wraig;

wraig, yr hwn a genhedlwyd trwy'r Yſbryd Glân
o Fair forwyn, a ddioddefodd dan Pontius Pila-
tus, &c. a elwir *Gwas*, o ran ei ddyndod, ac yn
Arglwydd pawb oll, o ran ei Dduwdod! Eſay
xlii. 1. Act. x. 36. Pwy yw'r Yſpryd Glan? Yſ-
pryd ac anadl y Tad a'r Mab; yr hwn a ymſym-
mudodd ar wyneb y dyfroedd yn y greadigaeth:
" Yr hwn hefyd a lafarodd trwy'r prophwydi,"
Gen. xi. 2. Salm xxxiii 6 a civ. 30. Eſay lxi. 41.
Heb i. 2. A ydyw pob un o honynt yn berſon?
Yn ddiammeu eu bod. os credwi ni ddim, rhaid
credu eu bod yn dri Phyrſon Pa fodd yr ymdden-
gys hynny? Amlwg yw, fod yr hyn ſydd briodol
i *berſon* yn cael ei briodoli i bôb un o nonynt, yn
yr Hen Deſtament a'r Newydd. Am y Tad y
dywedir, " Mi a'ch cymmeraf yn bobl i mi, ac
" a fyddaf yn Dduw i chwi," Ecſ. vi. 7. Am y
Mab, y dywedir, " Da gennyf wneuthur dy
" ewyllys, O fy Nuw," Salm xl. 8. Am yr Yſ-
pryd, efe a ddywed ei hun, " Neillduwch i mi
" Barnabas a Saul," Act xiii. 2. Ac eilwaith
dywedir, " Gwaiafun iddynt gan yr Yſpryd
" Glân, bregethu'r gair yn *Aſia*," Act. xvi. 6.
Wele, gan hynny, y mae'r Tad yn Dduw, y Mab
yn Dduw, a'r Yſpryd Glân yn Dduw. etto nid
oes ond *un* Duw. O b'egid nid yw *Mab* ac
Yſpryd yn lliofogi Duw, mwy nag y mae corph,
enaid, ac yſpryd yn lliofogi dyn. Nid rhaid
profi'r Tad yn Dduw, mwy nâ phrofi'r haul yn
haul. Ac y mae'n amlwg, i bôb enaid diragfarn,
fod y *Mab* yn Dduw, o blegid ei fod yn gwneuthur
" gweithredoedd y *Tad*," Ioan x 37. 38. ac yn
drech nag angau, Eſay xxv. 8. 2 Tim. i. 10. Ac,
heblaw amryw o bethau a ellir eu dywedyd, y
mae'n brawf digonol o Dduwdod yr *Yſpryd*, o
herwydd ei fod yn chwilio'r galon, 1 Cor. ii. 10.
ac yn rhag-fynegi pethau i ddyfod, 1 Tim. iv. 1.
ac o blegid ei fod yn Yſpryd Duw, 1 Cor. vi. 11.
Triſt yw meddwl, fod dynion yn arddel enw criſt'-
nogion

negion, yn gwadu'r Arglwydd a'u pryñodd! Ac
o'r tu arall, v mae rhai fy'n ceifio ei anrhydeddu,
yn tywyllu ei ogoniant, yn lle ei glodfori. *Ail*
Berfon, meddynt, wedi ei genhedlu gyd â Duw!
Y mae'n amhofibl i Dduw genhedlu Duw arall:
canys, os darfu i Dduw genhedlu Duw, rhaid
bod yr un a genhedlwyd yn llai nâ'r hwn a'i cen-
hedlodd! " Y mae fy Nhad yn fwy nâ myfi,"
medd v Mab ei hun, ief, y Dyn Iefu. Onid yw'r
cyfi yw athrawiaeth ddifail yn waradwydd i grift'-
nogrwydd? Onid ydym yn rhoddi achlyfur i'r
Sefmaid fychanu crefydd Crift, ac yn attal yr
Iuddewon rhag credu? canys pa fodd y credant
mewn *un* llai nâ Hollalluog? Pe medrem ni drin
arfau *Paul*, i phrofi fod ein *Iefu* ni yn Fab Duw,
trwy ei algyfodiad oddiwrth y meirw, 2 Tim. ii. 8.
yna y gwyppai'r b. d, " nad yw arfau ein mil-
wriaeth ni gnawdol, eithr nerthol, trwy Dduw, i
fwrw ceftyll i'r llawr." Gadewch i ni gael Duw
ei hun yn Waredwr, ac nid ofnwn ddirmyg im
gwrthwynebwr *Duw*, mewn nattur dyn, yw'r
Iefu Y mae'r Tad yn arddel Mab Mair—" Hwn,
eb efe, yw fy anwyl Fab, gwrandewch ef." Ac
ni fedraf fi ei olygu ef, megis angel, yn wahanol,
oddiwrth Dduw, yn negefwr dros Dduw, &c.
eithr, mewn modd rhyfedd, na's gall rhefwm ei
amgyffred, wedi ei blannu, gan y Tad nefol, yn
ei Dduwdod ei hun, er pan ffurfiwyd ef ynghroth
y Forwyn Felly gwelwn fod y *Mab*, nid yn
unig yn *Berfon* gogoneddus, ac yn *Alluî*, fel y
dywedwyd, yn y Duwdod; eithr hefyd, Duw
ydyw, gan ei fod yn hanfod yn y Tad, Ioan vi. 57.
megis y mae efe yn tyftiolaethu am dano ei hun,
Ioan xiv. 11. yn gyffelyb i'r brigwydd *(mufeto)*
fydd yn tyfu mewn pren arall, heb un gwreiddyn,
ond gwreiddyn y pren ag y mae efe yn tyfu
ynddo, fel y foniwyd eifoes. Ac impiad y nattur
ddynol, felly, i'r nattur ddwyfol, ymherfon Crift,
yw fylfaen yr undeb fydd rhwng y duwiolion a

Duw,

Duw, Ioan xvii. 21. Ac ar y cyfrif hynny yr
ydym yn hyderu yn Nuw, ac yn arddel perthynas
â Duw, fel ein Cyfathrachwr agos, ie, fel ein *Tad*,
ein Priod anwyl, ein Câr a'n Cyfaill, ag y ga'lwn
fod yn con i fwaed atto, ganol y nos, fel hanner
dydd! Oh'i fath dlws gwerthfawr yw'r *Iefu*, mwy
gwerthfawr râ'i holl fyd!

Dedwydd Hedyn 'n berchen ar ei, dedwydd yfo o dy hedd,
Dedwydd welo wen dy wyneb, ta yma a thu draw i'r bedd.

Yr un modd, tebygwn, y gellir dywedyd am yr
Yfpryd Glân, pe buafai'r Yfpryd Glân yn hanfod
gwahanol oddiwrth y *Tad*, yna y buafent yn am-
ryw Dduwiau, fef, yn dri Yfpryd Glân, yr hyn
fydd yn ffieidd-dra i feddwl! Y mae'r *Yfpryd*, gan
hynny, yn y *Tad*, ac yn y Mab· yn ganlynol yn
Berfon hanfodol yn y *Drindod*, ac yn ffynnon y
dwfr bywiol i etifeddion gras! ac yn Ddiddanydd
i'r pererinion tra fyddont yn y byd Felly y
mae'r tri Pherfon wedi ymbarottoi i waith iach-
awdwriaeth neu, fe ellir dywedyd, y mae Duw
wedi addafu ei hun dan y tri enw, *Tad*, *Mab*, ac
Yfpryd. Yn Dad, i drugarhau wrth afradloniaid;
yn *Fab*, i ufuddhau i'r ddeddf, a boddloni cyfiawn-
der; ac yn *Yfpryd*, i fanĉteiddio'r pechadur, trwy
adnewyddiad yfpryd y meddwl, a rhoddi yfpryd
mabwyfiad. Fe ddichon fod *Tad*, *Mab*, neu
Yfpryd, yn arwyddoccau Duw, fel y mae corph,
neu enaid, yn arwyddoccau dyn: 70 enaid oedd
Ifrael, yn mudo i'r Aipht, fef cynnifer o *ddynion*.
Pan yr arferom amryw erfyniadau, neu pan ddy-
wedom drachefn yr unrhyw ymadroddion, megis
yn y *Litani*, Arglwydd trugarha, Crift trugarha,
&c. yr un gwrthddrych fydd o flaen llygaid ein
meddyliau. felly yr un Duw yr y'm yn galw arno,
dan amryw ddull o gyfarchiad; ond yr y'm yn
dyblu'r geiriau, i loywi'n cof am gariad y Rhoddwr,
ac i ddeffro'n calon i dderbyn y rhoddion.

Yn chwechbed, Gadewch i ni yftyried, yn nefaf,
pa fraint a allwn ni ddifgwyl oddiwrth yr *Undod*

yn Drindod? Yr ydym wedi dyfod o fewn posibl-rwydd i fod yn ddedwydd yn y mwynhad o Grist, fel Ruth ynghyfathrach *Boaz.* Y mae Duw, yng Nghrist, bellach, yn Gyfathrachwr i ni, yn Dad, yn Briod, yn Gyfaill, yn Ymddiffynydd, ac yn bob peth Braint na's gallasem gael hawl iddi, oni buasa.'i *Drindod.* Ac y mae'n rhaid i'r rhai na chredant athrawiaeth y Drindod, fyw a marw heb ei mwynhau! Eithr yn awr, y mae Mab y dyn yn arddel ei bobl yn frodyr, a Duw yn danfon Yspryd ei Fab idd' eu calon, i lefain *Abba Dad.* Fe wna'r *Drindod* beth na all'sai *un Person* fyth ei wneuthur. Yn awr y mae gwaith iachawdwriaeth yn myned ymlaen yn llwyddianus. Y mae'r dyled wedi ei dalu, y mae colyn angau wedi ei dynnu, y mae gras yn ymhelaethu, a phlant yr addewid yn dychwelyd dan ganu. Y llaw a osododd y sylfaen, a ddwg allan y maen pennaf, *(garreg y nen)* ac fe waeddir, *Rad, rad, iddi!* Wele, anrhaethol *lesbad* y *Drindod*; y *Tad* yn arfaethu, y *Mab* yn cyflawni, yr *Yspryd Glân* yn adgenhedlu! etto, "yr *un* Duw yw'r hwn sydd "yn gwe.thio pob peth ymhawb," 1 Cor. xii. 6. Efe yw *Alpha* ac *Omega*, dechreu a diwedd ein iachawdwriaeth, Awdwr a Pherffeithydd ein ffydd. Duw yng Nghrist yw bywyd yr holl greadigaeth. Trwy bechod Adda y buom feirw, trwy gyfiawn-der Crist y'n bywheir. Heb Grist, heb Dduw, ac heb fywyd! Duw yng Nghrist yw'n gobaith, o blegid y mae yn gwared o dan y ddeddf, trwy dalu'r holl ddyled. Fe dalodd ef y dyled blin, ag oedd ddyledus iddo ei hun! *Gorphen-wyd!* " Angau a lyngcwyd mewn buddugol-" iaeth." Rhwygwyd y llen, y mae'r ffordd yn rhydd at orsedd gras. " Yr Arglwydd a ym-" ddyrchafa i dosturio," Esay xxx. 18. Y mae'n *pechod* ni yn fawr, a'n trofeddiadau yn aml, etto y mae *terfyn* ar bechod; ond nid oes dim terfyn ar drugaredd Duw! Y mae ei gariad ef yn an-

 fefurol,

'efurol, ei hyd, a'i led, ei uwchder, a'i ddyfnder.
Ym mynydd yr Arglwydd y gwelir, Gen xxii 14.
Edrychwn tu a Chalfaria, gwelwn Oen Duw!
Ac onid oedd Duw, yng Nghrift, yn cymmodi'r
byd ag ef ei hun? Wele, amheuwch ei gariad,
os medrwch! Mi a wn fod rhai athrawon, byrr
eu golwg, *(fhort-fighted)* yn dywedyd, fod Duw
(Dad) yn ddig wrthym ni bechaduriaid, ac y
buafai yn ein taflu i *uffern* bob enaid, oni fuafai
i'r *Mab* roddi ei hun yn Ganolwr! Ond pa beth
y mae'r apoftol yn *dywedyd?* " Felly y carodd
" Duw y byd, fel y *rhoddodd* efe ei unig-anedig
" Fab," Ioan iii.16.—Ac eilwaith, " Yn hyn yr
" eglurwyd cariad Duw, o blegid *danfon* o Dduw
" ei unig-anedig Fab," 1 Ioan iv. 9 —A Phaul a
ddywed, " A'n *Tad*, yr hwn a'n carodd," 2 Thef.
ii. 6. " A'r rhai a adwaenant ei *gariad*, a welant
" ei *ogoniant*, a'r rhai a welant ogoniant ei *iach-
" awdwriaeth* a'u clodforant ef, ac a ymadrodd-
" ant am ei holl ryfeddodau," 1 Cron. vi. 9 —Yn
yr *iachawdwriaeth* y mae mawrhydi yr Holl-
alluog yn ymddangos yn fwyaf gogoneddus. Nid
yw holl ogoniant y greadigaeth ddim i'w gydmaru
iddo, mwy nâ goleu'r lloer i'w gyffelybu i'r
haul! Efay lxv 17—20. Yno y mae efe yn
fathru ei elynion, megis tom yr heolydd, Efay
x. 6. Brenin brenhinoedd yw Brenin Sion. Efe
a fathr ei holl wrthwynebwyr yn ei ddig; ac a
ddifgyn eu cadernid i'r llawr, Efay lxiii. 2, 6.
Am hynny y gwelwyd ef yn goch ei ddillad yn
teithio yn amlder ei rym—Y mae rhai yn meddwl
mai gwrthddrychau ei ddialedd, a bortreiadir yn
y geiriau a grybwyllwyd, oedd yr *Edomiaid*, neu
ryw genhedloedd gelynol; neu, mai prophwydol-
iaeth ydyw am ddinyftr Jerufalem. Ond, yn ol
iaith yr yfgrythur ei hun, y mae'n ddiammau,
mai gelynion yfprydol a feddylir, megis yn Salm
ix. 1. Efay ix. 5. 2 Thef. i. 8. Eph. vi. 12. Dat.
vi. 16. a xii. 7. " Ac â drygau yfprydol y mae
rhyfel

rhyfel parhaus; fef, â'r diafol, y byd, a'r cnawd ;
pechod, ac angau, a'r bedd." Ni fu erioed y fath
ryfel rhwng cenhedloedd y ddaear, na'r fath arfau
ychwaith, mantell o yfgarlad, coron o ddrain,
buftl a finegr fur, croes-bren, a hoelion o ddur.
Ni fu erioed y fath ddiftryw ar elynion, na'r fath
fuddugoliaeth lawn! Nid rhyfedd clywed am
yrru cleddyfau'n fychau, canys gorchfygwyd bob
gelyn ! " Ha elyn, darfu am ddinyftr yn dra-
" gywydd!" Salm ix. 6. Capten ein iachawd-
wriaeth ni a orchfygodd angau yn ei fro ei hun :
am hynny, arwydd o fuddugoliaeth oedd y *gwaed*
ar ei ddillad, o blegid, mewn dull cyffelybiaethol
o lafaru, (*metaphor*) gwaed ei elynion ydoedd ;
canys ein hen ddyn ni a groefhoeliwyd, pan groef-
hoeliwyd Crift, torrwyd pen pechod ar y ploccyn,
fel na chaiff fod yn *ben* mwyach   Diau, fod *pen*
Ioan fedyddiwr ynghadw yn llaw rhagluniaeth yn
rhyw le, ac a gyfodir gyd â'i gorph . eithr pechod
y faint ni chyfyd yn dragywydd.   Felly, gallwn
yftyried croes ein Harglwydd Iefu, pan oedd ar ei
yfgwydd yn myned tu a Golgotha, fel arwydd o
fuddugoliaeth, mwy hynod nâ chleddyf *Golia* yn
llaw *Dafydd* !   Gan hynny yr oedd y cyngor yn
addas, ", Ferched Jerufalem, nac wylwch o'm
" plegid i, eithr wylwch o'ch plegid eich hunain,
" ac o blegid eich plant."   Wele, pa beth oedd
hyn i gyd, ond cyflawniad o'r hyn a arfaethodd
ein Tad nefol, cyn dechreu'r byd   gan hynny,
gwybyddwn, mai effaith y cariad tragywyddol yw
y *Drindod*, a drefnwyd er ein mwyn ni, ddynion,
ac er ein iachawdwriaeth.   Dyn-ferch ein Duw tu
ag attom ni, a drefnodd y Drindod mawr yn dri.
Pwy bynnag a gredo hyn, a gaiff brofi fod rhyddid
i'r cyffegr trwy waed Iefu, a bod Duw Abraham
yn Dduw i ni, yn Dad i ni, yn Briod i ni, a bod
ein iachawdwriaeth yn fwy ficr nâ dedwyddwch
Adda ym mharadwys : nid oes gan fatan a phechod
ddim awdurdod arnom mwy.   Hwy a allant ein
gorthrymmu

gorthrymmu, nid ein gorchfygu; ein clwyfo, ond
nid ein lladd. " Y mae'n bywyd wedi ei guddio
gyd â Chrift yn Nuw " Y mae gennym Gyfaill
galluog ac ewyllysgar i'n cynnorthwyo ymhob
cyfyngder, ac a allwn fyned atto, bob amfer,
ganol y nos fel hanner dydd Ac y mae efe yn
gorchymmyn i'w bobl ei arddel yn *Briod* Ni'm
gelwi mwyach *Baali,* ond ti a'm gelwi *Ifi,* Hof.
ii. 16 Er hynny y mae rhai crift'nogion, fel bon-
ddigion, yn dewis dywedyd, *F, meifir,* 'neu *meiftres,*
a fefyll ymhell, fel dynion yn deall pa beth ydyw
moefau da' O'd lle y byddo cariad, fe anghofir y-
moefau, ac fe dyeuir ymlaen, fel y wraig a ddaeth
at yr Iefu, ac a gufanodd ei draed, yn nhŷ Simon
y Pharifead.—Gwelwch weithian, fy mrodyr, y
llefhad y mae eglwys y Duw byw yn ei gael trwy
dairgelwch y *Duwdod!* ac nac ymfoddlonwn ar
glywed, ond deifyfwn ar ein Duw, a'n Tad
refol, i ddwyn ein henaid i'r mwynhad; fel y
moliannom ef yn dragywydd, Amen.

Yn feithfed; Ond y mae un peth yn ychwaneg
i'w yftyried, cyn dibennu'r matter mewn llaw:
hynny yw, ar ba gyfrif yr ydym ni yn galw Iefu
Grift yn Fab Duw? Pa un ai ar gyfrif ei *rag-
banfod*, wedi ei genhedlu gan y Tad, ac yn byw
yno gyd ag ef, neu, o herwydd ei genhedlu trwy'r
Yfpryd Glân o Fair forwyn? Mewn perthynas
i'r *rhag-banfod*, a'i fod wedi ei genhedlu gan ei
Dad, cyn yr holl oefoedd, mae'n ddiammeu ei fod
yn arfaethol, ond nid yn weithredol, ne's ei gen-
hedlu o Fair' Hyn fydd fier, fod y prophwydi,
a'r prif-feintiau, ymhob oes o'r byd, yn edrych
ymlaen am yr *hyn oedd i ddyfod,* fef *Had y wraig*
a addawodd Duw i 'ffigo pen y farph. Fe gredodd
Abel yn yr *un* hynny, fe gredodd Enoc ynddo;
tanys dywedir, " Enoc a rodiodd gyd â Duw."
Ac onid yw'r Iefu ei hun yn dywedyd, " Myfi
" yw drws y defaid nid oes neb yn dyfod at y
" Tad, ond trwof fi." Fe gredodd Efaias ynddo;

o blegid

o blegid efe a welodd ei ogoniant ef, ac a lafarodd
am dano, ie, efe a lafarodd am dano, fel pe buafai
wedi dyfod, wedi dioddef yn dawel, fel dafad o
flaen ei chneifiwr, ie, wedi cyfodi o'r bedd, ac
wedi efgyn i'r nefoedd; a Dafydd a'i gwelodd yr
un modd   Yr oedd hynny yn biawf eu bod yn
credu yn ddiamheuol, y deuai Had y wraig, yn ol
yr addewid, mor ficı a phe buafaı'r addewid ar
ben   Holwn ein hunain, a vdym ninnau'n cıedu?
Ni a glywfom lawer am y berthynas fydd rhwng
Duw a'ı bobl. ond y mae fatan yn ceifio ein
herwain i amryfufedd, fel y collom ein golwg ar
y berthynas! Ar fail y *gnawdoliaith* y mae'r
berthynas yn fefyll gan hynny, y *Dyn* Crift Iefu,
a genhedlwyd o Fair, yw'n Cyfathrachwr ni, a
Thad ein Harglwydd Iefu Grift yn *Dad* i ni,
ynddo a thrwyddo ef. Wele, a fedrwn ni ddy-
wedyd, gyd â *Nathanael*, "Ti yw Mab Duw, ti
"yw Brenin Ifrael?" A chyd â *Phedr*, "Ti yw
"y Crift, Mab y Duw byw?" Nid digon i ni
gredu am eu bod hwy yn credu! rhaid i ni gredu
drofom ein hunain "Bydded gennych ffydd
"ynoch eich hunain," medd Crift, wrth ei ddif-
gyblion. Profwn ein ffydd wrth y gair, fel pwyfo,
aur mewn clorian! Y mae credadyn yn credu, am
fod Duw yn rhoi ffydd, nid am fod eraill yn
dywedyd felly; pe amgen, "fe fyddai'n ffydd
mewn doethineb dynion, nid yn nerth Duw,"
i Cor. ii. 5.—Y Crift a ared o Fair yw'n *gobaith*
ni. Nid yw'r *ail Berfon*, a genhedlodd Duw yn
nhragywyddoldeb, allan o hono ei hun, ar ei ddelw
ei hun, ond *perfon dychymmygol*, nad oes fon am
dano yn y Bibl. Ac yn ddiau, nid yw boffibl i'r
Hollalluog genhedlu Duw arall, heb ei ddad-wneu-
thur ei hun! "Y *Gair* a wnaethpwyd yn gnawd,"
medd y gwrth-ddadleuwr gwir yw, yr *arfaeth* a
gyflawnwyd, "*Mab* a roddwyd i ni, Bachgen a
"aned i ni " Ond, nid oes *dau* Fab, medd
Athanafius ei hun! *Unig*-anedig, medd Crift, am

dano

dano ei hun, Ioan i 18. Ond, medd y gwrth-
ddadleuwr, Y mae son yn yr yfgrythur am ddau
genhedliad! Gwir yw, y mae son am genhedliad
yng nghroth y Forwyn, a chenhedliad (neu ad-
fywiad) oddiwrth y meirw! Y naill yn perthynu
i gyflawniad yr hen oruchwiliaeth, a'r llall i
ddechreuad yr oruchwiliaeth newydd, neu'r *byd*
newydd, neu, fel y dywed *Paul*, " Y byd a
" ddaw, am yr hwn yr ydym ni yn fon," Heb.
ii. 5. Drachefn, y mae'r gwrth-ddadleuwyr yn
appelio at yr yfgrythur fy'n dywedvd, " Corph
" a gymhwyfaift i mi." Ac yn dadleu, " Rhaid
" oedd ei *fod* ef, cyn y gal'ai ddywedyd felly."
Y mae amlwg i bawb, oni fyddant ddeillion o'u
bodd, mai ymherfon y *Dyn* Crift Iefu y llafarodd
Dafydd y geiriau hynny, fel nad rhaid i mi roddi
atteb yn ychwaneg iddynt. Onid yw'r gair yn
dywedyd, " Prid nad *oedd* dyfnder yim cenhed-
lwyd?" Gwir, ond vftyriwch mai llaus doethineb
ydyw; ac yn ddiau, yr oedd doethineb Duw wedi
trefnu iachawdwriaeth dynion cyn creu'r byd!
Neu, os mynnwch fod y geiriau yn llafaru am
Grift, yn berfonol, neu am ei dragywyddol gen-
hedliad, cofiwch hefyd, ei fod yn garcharwr, a'i
gondemnio, iddo farw, ac adgyfodi, *yn* ei gen-
hedlu! yn ol tyftiolaeth y prophwyd *Efaias*. Ac
at bwy y priodolir hyn i gyd, ond at y *Dyn* Iefu ?
' Y mae yfgrythur arall, a ddygir i mewn gan y
gwrth-ddadleuwyr, fel tyft anffaeledig, i brofi
rhaghanfod y Mab, a'i fod yn berfonol yn mwyn-
hau gogoniant, gyd a'r Tad, cyn creu'r byd; fef,
Ioan xvii. 5. " Gogonedda di myfi gyd a thi dy
hun, a'r *gogoniant* oedd i mi gyd a thi cyn bod y
byd."—Eithr y mae'n amlwg i bob criftion fyn-
hwyrol, a diragfarn, nad ei *ogoniant hanfodcl* yr
oedd Grift yn ei ddymuro, yn y weddi hon, ond
y gogoniant perthynol i'w fwydd gyfryngol; fef,
cael myned trwy ei ddioddefiadau yn amyneddus,
cyfodi oddiwrth y meirw yn fuddugoliaethus, caf-
glu'r

glu'r prynedigion o bob gwlad, wedi cymhwyſo
eu heneidiau, a pharottoi eu calonnau i foliannu
Duw a'r Oen i dragywyddoldeb, 1 Pedr iv, 13.
fel yr arfaethodd y Tad ynddo ei hun, a'r
addewid a feliodd cyn bod byd, Luc xxiv 26,
2 Tim. ii 19. 1 Pedr i 11. Dat xi. 15. a vii.
9, 10 A chofiwn, (gwedi'r cwbl) mai nid eti-
feddiaeth, ond *rhodd* ydoedd! Ioan xvi. 22. Ac y
mae'r Ieſu yn rhoddi yr un rhodd i'w ganlynwyr.
Pa beth ydyw? Anrhydedd mawredd? Nagê.
Pa beth ynte? Gwaradwydd, a'r groes; erliiiau,
a dioddenadau, a bendith, a bywyd tragywyddol!
Phil. i 29. Os dioddefwn gyd ag ef dros ychydig,
ni a gawn deyrnllu gyd ag ef dros byth, Rhuf.
viii 17.

I ddibennu'r cwbl; nid wyf fi yn gweled achos
ymddadleu llawer, a gwaradwyddo ein gilydd, ac
nid ymryſonem ychwaith oni b'ai dichellion ſatan,
ac yſbryd cinfiger! canys yr un Duw a'r un Iach-
awdwr ſydd gennym gwedi'r cwbl: eithr y mae'r
dull y traethir am dano, gan rai, yn ymddangos,
i mi, yn wrthun, yn anhyfyd, ac yn aryſgryth-
urol. Hwy yn portreiadu'r *Mab*, fel wedi ei gen-
hedlu yn *nghragywyddoldeb*, heb olygu'r gnawd-
oliaeth! Minnau yn meddwl mai *Had y wraig*
oedd y *Mab*, wedi ei genhedlu yn *arfaethol* yn
nhragywyddoldeb, ac yn *weithredol* "gan yr
"Yſbryd Glân o *Fair* forwyn," a chan ei gen-
hedlu o *Fair*, a'i blannu yn y *Duwdod*, y mae yn
Immanuel, ief, yn Dduw i ni, ac yn *gyntaf-
anedig* ymhlith brodyr lawer!—Mewn perthynas
i rai geiriau eraill a ymryſonir yn eu cylch, ni
wna eu coffa, ond dangos ein ſtolineb a'n hanwy-
bodaeth yn nirgelwch Criſt! megis *gwir ddu ei
berſon ef*. Pa beth ydyw hynny? Y Mab, medd-
ynt, yn datguddio *delw'r Tad* Gwir, mi addefaf
fod *Ieſu Griſt* yn wir lun Perſon y Tad; ond,
dioddefwch i mi ddywedyd, mai *Duw* ei hunan
oedd efe; pe amgen, ni fuaſai yn *wir lun*, mwy
nâg

nag oedd . 'efodau a r offrymmau dan y ddeddf,
yn wir aeraw y dionus bethau i ddyfod dan yr
efengyl, ond Crist ei hun oeddynt, am hynny yr
oeddynt yn lleg a gwan, ond Duw ei hun oedd
Iddo, ac a'n hynny yn gelorn, Heb i. 3 a i

Gwreiddyn yr holl ddadl yw, bod dysgedigion,
chwedol, trwy ryw amryfuiedd, yn cam dybio
fod yr ysgrythurau, sydd yn profi *Duwdod* Crist,
yr hyn sydd rhaid ei gredu, megis Heb. i *Add-
oler i ch angylion Duw ef*, &c. yn cael eu llafaru
gan yr Ysbryd Glan, i brofi *trag. wyddol genhed-
iau.* Ond dychymmyg ydyw na wna ddim llef-
had; fe daichon ddyrysu cichladyn gwan; ond ni
rydd y stur i enaid amitheus n drag. wyddl! Pa
beth dal i mi feddwl fod ar .. *Barn* y i Frryd
i mi, tra bydoo'r *Tad* sydd fwy nag ef, yn elyn
i mi? Ond, os credaf fod y *Tad* yn y *Mab*, fet,
yng *Ngl. ft Iefu*, fy Nghar agofaf, a'm Cyfaill
fryholoeaf; yna gwelaf y neicedd o'm mhiaid,
ac ei daichon dichelion y fail beri i mi ano-
beithio mwy! beth yw'r achos fod cynnifer yn
cael eu gyrru i anobaith? Ond am fod fatan yn
eu perfuadio, mai *Barn, ca*, ac nid *Achub, dd!* yw
Duw! Ond te gaiff pawb weled, mai'r Achub dd
yw'r *Barn dd*. canys bob barn a rodows yd i'r
Mab, am ei Fod yn Iab a dyn, ganddo ef y mae
agoriadau ref ac uffern; ac ni chondemnia efe
neb a gredo ynddo, er cymmaint eu pechodau;
ac ni thyrw neb allan ag a ddel atto, canys y mae
efe yn abl achub hyd yr eithaf; ac hyfrydwch ei
enaid yw trugarhau! Griftion, clyw air, ond na
adroed wrth neb, hyd oni ddelo, 2 Tnef i 10.
Fe aeth Duw yn ûn er mwyn iachawdwriaeth!
A phan erphenir y gwaith, un fydd Duw yn drag-
wyddd, yn y corph ogoneddus try, 1 Cor xv. 28.
Dyfged Duw ni i'w adnabod, a'i garu, a'i ganlyn,
hyd y diwedd. Amen.

www.ingramcontent.com/pod-product-compliance
Lightning Source LLC
Chambersburg PA
CBHW061258090726
47818CB00078B/130